AF338427

# EXPOSÉ

## DES RÉCLAMATIONS

### DES

## INDOUS DE PONDICHÉRY.



(Libre usage des rues. — Fusion des Castes.)

Une population toute entière des établissements français dans l'Inde, atteinte dans ses droits et ses intérêts les plus élevés et les plus chers, fait appel à la métropole. Son premier besoin, en retraçant ses griefs, c'est de protester qu'elle n'est pas oublieuse des bienfaits. Elle en doit plus d'un à l'administration de M. le contre-amiral Verninac ; mais, déjà près de résigner ses hautes fonctions, préoccupé de l'accomplissement d'un *progrès*, mal inspiré cette fois, il ne recula pas devant une œuvre qu'aucun de ses prédécesseurs n'avait tentée, parce que leur première règle de gouvernement, la tradition administrative dans l'Inde, a toujours été de respecter les institutions et coutumes des indigènes. — De là, les présentes réclamations et la mission qui nous a été confiée d'en faire un complet exposé (1).

---

(1) « Pondichéry, le 11 mars 1857. — Nous venons vous prier d'appuyer auprès de S. E. le ministre de la marine et des colonies nos réclamations au nom de la plus grande majorité de la population indoue, contre les arrêtés de M. le gouverneur de Pondichéry, rendus les 17 octobre 1854 et 25 février 1857, en violation des institutions et coutumes des indigènes. Nous osons espérer que vous accepterez ce mandat, etc. Suivent les signatures : — Souparayane, commerçant propriétaire et membre du comité des expositions. — Ponnoosamy, *merchant*, — Balakichenane, commerçant, membre du comité consultatif de jurisprudence indienne. — Ignace Abraham, propriétaire. — Nadou Appouvous, chef de Caste. — Nadou Aroumougam, chef de caste. — Ponnou, propriétaire. — Sandirain, propriétaire. — Samy Darmalingom, propriétaire. — Tyapassamy, propriétaire.

# I.

C'est d'hier seulement, peut-on dire, que la France a posé le pied dans l'Indoustan, si l'on se reporte aux anciennes origines de cette contrée (1). Nous y avons trouvé des populations régies par des institutions aussi vieilles que le monde.

Telle est notamment la division des Indous en *castes*, divisées elles-mêmes en *main droite* et en *main gauche*.

Laissons parler Sonnerat, dont le livre fait autorité (2).

«C'est à Sésostris que les Indiens doivent, à ce que l'on croit, leur état civil et politique. Lorsque ce roi s'empara de l'Inde, il divisa le peuple en sept classes, parmi lesquelles les *Brachmanes,* ou sages, tenaient le premier rang. — Quand les *Brames* se furent élevés sur la chute des *Brachmanes*, ils changèrent les lois et l'ancien culte, et réduisirent à quatre les classes primitives. La leur fut la première et les mit au-dessus rois. *C'est cette division qui subsiste encore aujourd'hui.*

« La première classe comprend donc les *Brames*, qui sont les ministres de la religion. — Les *Chatriers*, ou *Xatriers*, ou *Sétréas*, qui sont les *Rajas*, c'est-à-dire ceux qui descendent des familles royales, composent la deuxième. — La troisième classe est composée des *Vassiers, Vaniguers* ou *Veinsjas,* qui sont les marchands. — La quatrième est celle des *Choutres* ou *Soudras;* elle renferme tous les corps de métiers.

« L'opinion commune sur l'origine de ces quatre corps ou castes, est que les *Brames* sont sortis de la tête de Brouma; c'est pour cette raison qu'on les regarde comme des hommes privilégiés à qui cette grande divinité a communiqué son esprit et sa sagesse. — On fait naître les *Rajas* de ses épaules, parce qu'ils soutiennent le poids du gouvernement et qu'ils portent les armes pour la défense de la patrie. — Les *Vaissiers* doivent leur origine à son ventre, ce qui désigne l'entretien du corps. — Enfin, on fait sortir les *Choutres* des pieds de ce dieu, voulant marquer par là tout ce qu'il y a de pénible

---

(1) Arrivés aux Indes-Orientales, après les Portugais, les Hollandais, les Anglais, nous n'avons acquis qu'en 1783, Pondichéry qui n'était alors qu'une simple bourgade, par cession faite à Martin, négociant français, gouverneur ensuite. Assiégée et prise par les hollandais en 1693, elle nous fut restituée à la paix de Riswick (1697). — *Histoire des Etablissements et du Commerce des Européens dans les deux Indes,* par Raynal, t. 1. p. 382. — *Notices statistiques sur les Colonies Françaises,* publiées par le Ministère de la Marine, t. 3. ch. 1.

(2) *Voyage aux Indes Orientales et à la Chine,* fait par ordre du Roi, depuis 1774 jusqu'en 1781, — T. 1. p. 43 — (Paris, 1782).

dans la vie, parce que leur caste est composée d'artisans et de mercenaires qui vaquent aux offices les plus fatigants (1)...

« La tribu des *Choutres,* qui forme la quatrième, est la plus nombreuse. Elle se divise en MAIN DROITE et en MAIN GAUCHE.

« La MAIN DROITE comprend : 1º les *Vélagers,* qui se subdivisent en *Chogia Vélagers, Carecatou Vélagers, Niroupouchi Vélagers* et *Doulouva Vélagers,* connus aussi sous le nom d'*Aguamoudiers,* que les Européens appellent *Dobachis,* nom qui signifie serviteurs. Les laboureurs occupent le premier rang chez les *Vélagers;* les autres prennent de l'emploi partout où ils en trouvent. — 2º Les *Caravers,* caste *Talinga;* ce sont les marchands de verre. — 3º Les *Camouvars,* caste *Talinga* qui diffère de la précédente; ils font le même commerce. — 4º Les *Coiladiers,* caste *Talinga.* — 5º Les *Cométis,* ou marchands. Ils étaient autrefois de la main gauche et ne formaient qu'une classe avec les *Chétis;* mais depuis qu'ils ont prié les *Choutres* de la main droite de les recevoir comme leurs enfants, ils sont entrés dans l'autre rang. — 6º Les *Natamadiers.* — 7º Les *Caquilliers,* ou tisserands. — 8º Les *Bainiers,* espèce de religieux que l'on appelle *Poutcharis,* qui vivent d'aumône, et se tiennent dans les temples de *Mariatale,* déesse de la petite-vérole. — 9º Les *Amaters,* ou barbiers. — 10º Les *Paniche-vers,* qui sont les serviteurs des *Vélagers.* — 11º Les *Vanars,* ou blanchisseurs. — 12º Les *Condoumiers,* ou médecins qui guérissent les morsures des serpents. — 13º Les *Dévédassi-quels,* ou *Tévadia-quels,* que nous appelons communément *Bayadères.* — Ceux qui composent ces cinq dernières castes, peuvent être de la main droite ou de la main gauche. Ceux qui servent les *Choutres* de la main droite sont censés être de ce rang, et ne peuvent pas servir ceux de la main gauche; et ceux de cette main, à leur tour, ne servent pas ceux de l'autre. — 14º Les *Parias* forment la dernière caste...

« La tribu de la MAIN GAUCHE comprend : 1º les *Chétis*

---

(1) C'est là le *Symbole des Brames,* que l'on peut voir aussi dans Sonnerat, liv. 3. chap. 14, et que Casimir Delavigne traduit ainsi :

> Leur tribu, disent-ils, de son front élancée,
> Sur le peuple à genoux régna par la pensée.
> La tribu des guerriers, ouvrage de ses bras,
> Eut la force en partage et courut aux combats.
> Nous, il nous enfanta dans un jour de vengeance ;
> La poudre de ses pieds nous donna la naissance.
>
> (*Le Paria,* acte 1. sc. 1).

ou marchands, autres que les *Cométis*. — 2° Les *Camalers*, dénomination comprenant tous les artisans qui se servent du marteau, tels que les *Tatars*, ou orfèvres ; les *Tachiers*, ou charpentiers ; les *Caroumars*, ou forgerons ; les *Canars*, ou chaudronniers et cuivriers. Les membres de cette caste se regardent comme tous parents. — 3° Les *Vanniars*, qui font l'huile ; — les *Sanars* ou *Sourers*, qui recueillent le calou, liqueur que l'on tire du palmier. — 5° Les *Pallis*, dont les femmes sont de la main droite, parce qu'elles portent au col, comme les femmes de la main droite, des grains de verre de la grosseur d'une tête d'épingle, qu'on nomme cariamanis. — 6' les *Chédars*, ou tisserands, autre tribu que celle de la main droite, de même dénomination. — 7° Les *Sacliets*, ou cordonniers, qui sont dans la tribu de la main gauche ce que les Parias sont dans l'autre ; mais ils sont encore plus méprisés que les Parias, parce qu'ils emploient le cuir de vache à faire des chaussures. »

A son tour, Marlès, auteur contemporain (1), constate l'ancienne institution des castes : — celle des *Brahmines*, la caste sacerdotale ; — celle des *Tschatryas*, caste militaire ou royale ; — celle des *Vaischyas*, caste commerçante et agricole ; — celle des *Schoudras*, caste des métiers.

Il ajoute (page 207) : « Dans le Bengale, les *Brahmines* seuls conservent aujourd'hui des marques de leur origine..,.. Quant aux *Tschatryas*, il n'en reste qu'un bien petit nombre. Le Bengale n'a plus de *Vaischyas ;* ils sont descendus au rang des *Schoudras.* »

Et page 225 : — « Dans la Péninsule, les Indous, aujourd'hui, se divisent en deux grandes classes qu'ils désignent par le nom de CÔTÉ DROIT et de CÔTÉ GAUCHE.

« Le côté droit, ou *Ballagay*, a dix-huit classes : marchands, cultivateurs, fabricants d'huile, peintres sur toile, bergers, tisserands, potiers, blanchisseurs, barbiers, peintres, gardiens de troupeaux, etc. Les *Banisagourous*, espèce de traficants, souvent de religion différentes, sont les premiers de cette division. Les *Whallarious*, qu'à Madras on nomme *Pariars*, en sont les derniers. On les appelle plus communément *Ballagays ;* et ce qui doit sembler étrange, c'est que ce sont ceux qui donnent leur nom à toute la division.

---

(1) *Histoire générale de l'Inde ancienne et moderne* depuis l'an 2000 avant J.-C., jusqu'à nos jours, par de Marlès. Paris 1828, 3 volumes in 8°.

« Le côté gauche, *Eddagai*, a neuf classes principales : forgerons, charpentiers, maçons, ouvriers en cuivre, etc. Les
forgerons, *Pamhalas*, sont les premiers ; les *Mandigarous*,
tanneurs, corroyeurs et cordonniers, sont les derniers. Ils
sont plus connus sous le nom d'*Eddagais.*»

« Cette division en deux classes est, suivant les habitants de
la Péninsule, l'ouvrage de la déesse *Kali* (1). »

Plus récemment, un ancien magistrat à Pondichéry, M. Pasquier, apporte aussi son témoignage. — « La *main droite* est
composée de tous ceux que la tradition représente comme pro-
venant de l'ancienne tribu des *Vaysias*, des *Pantchalas*, ou
cinq classes d'artisans, et de quelques autres classes dérivant
probablement de la tribu des *Soudras.* Celle des *Parias* et des
*Chakelis*, ou savetiers, sont affiliées à cette main, dont ils sont
les auxiliaires en ce cas. — Il est vraisemblable que la *main
gauche* se compose des représentants des *Kchatryas* ; et des
classes élevées de la tribu des *Soudras* (2). »

Ainsi, de toute antiquité, le peuple Indou est divisé en castes ;
et dans la plus nombreuse, celle des *Choutres*, ou *Schoudras*,
il y a une classification en *main droite* et en *main gauche*, qui
détermine une subordination hiérarchique des castes entre
elles, et des individus dont elles se composent.

Suivons ces institutions dans les faits, dans l'état social
des Indous. Écoutons encore Sonnerat, t. I, p. 62.

« Les Indiens, dit-il, ignorent aujourd'hui ce qui causa la
division de la *main droite* et de la *main gauche*. Ils se disputent
de part et d'autre la prééminence. Mais ils ont grand soin d'em-
pêcher que ceux de la main opposée jouissent des droits de
l'autre, *comme de passer en voiture ou à pied avec des sandales
de bois dans les rues qu'ils habitent.* Ils peuvent cependant y
passer pour leurs affaires avec des souliers ou à pieds nus. *Les
processions de mariage, ni les convois des morts ne peuvent
passer dans les quartiers qu'habitent les castes de la main opposée.* Celles de la main gauche ne peuvent monter *un cheval
blanc*, ni porter *des pavillons* et des *parasols blancs* dans les pro-

---

(1) Déesse de la mort ; — d'où probablement l'*Hécate* du paganisme grec et
latin.—Elle avait un temple à *Kalycutta*, village qui disparut lors de la fondation
de *Calcutta*, capitale du Bengale, au commencement du 17ᵉ siècle. — Malte-Brun,
*Précis de géographie universelle*, page 602.

(2) *Précis de l'histoire de l'Indoustan*, par *L. M. C.* Pasquier, ancien magistrat à Pondichéry. — Paris, 1843, — ch. 30, p. 553 et suivants.

cessions matrimoniales, comme les tribus de la main droite. Chaque caste a des termes qui lui sont affectés, dontil n'estpas permis à l'autre de se servir. *Leurs usages, leurs droits, leurs priviléges, tout est distinct et marqué.* La moindre infraction à ces règles est dans le cas de produire une guerre civile. On voit par cette division des castes, que *chacun fait un peuple particulier que la religion et les lois empêchent de se confondre avec les autres,* même dans les unions conjugales, parce que *c'est toujours dans sa famille que l'on se choisit une épouse, et jamais dans les autres,* fussent-elles de la même tribu. Le fils d'un laboureur ne peut être que laboureur, et se marier qu'avec la fille de son cousin qui fait le même métier. Cette différence des classes n'est pas moins sensible dans le commerce habituel de la société. *L'inférieure ne manque jamais de respect à la supérieure,* et le brame ne peut manger avec le roi, ni ce dernier avec le choutre, sans s'exposer à l'avilissement. »

Chimères, peut-on dire, superstitions ou préjugés ! — Non. Nous n'avons pas le droit de porter ces jugements téméraires, du haut de nos idées occidentales.

» La plupart des nations, dit encore Sonnerat (t. 1, p. 62), étaient divisées de même. L'Egypte avait sept tribus : Athènes quatre ; l'Arabie trois. Les Romains avaient deux classes de citoyens. Presque tous les Etats de l'Europe, à l'imitation de l'Inde, admettent des distinctions dans leur corps civil. Et nous qui les blâmons, sommes-nous plus justes et plus sages ? *N'avons-nous pas nos castes ?* »

Raynal à qui certes l'esprit philosophique ne manquait pas est celui qui a le mieux marqué le caractère essentiellement religieux de ces institutions, pour les Indous (1).

» Lorsqu'on veut, dit-il, remonter à la source de *ces institutions religieuses et sociales,* on voit qu'elle se perd dans l'obscurité des temps..... La distinction des quatre premières castes est aussi vieille que le monde et d'*institution divine.....* Brama *prescrivit à chaque caste ses devoirs, et ces devoirs sont à jamais consignés dans les livres sacrés.....* Les Védas, ou les livres canoniques, ne sont ni moins révérés, ni moins crus dans l'Inde, que la bible par le juif ou par le chrétien ; et la foi dans les révélations de Brama, de Raom ou de Kishen, est aussi

---

(1) *Histoire des établissements des Européens dans les deux Indes,* p. 2. 1er. p. 66 et suiv.

robuste que la nôtre. Les annales sacrées des Indiens datent des siècles les plus reculés, et se sont conservées jusqu'aux derniers temps sans aucune interruption..... Dans tout l'Indoustan, *les lois politiques, les usages, les manières* FONT UNE PARTIE DE LA RELIGION, *parce que tout vient de Brama... C'est lui qui a divisé le peuple en tribus ou castes séparées les unes des autres par des principes de politique et de religion.* Cette institution est antérieure à tous les monuments connus, et peut être regardée comme la preuve la plus frappante de la prodigieuse antiquité des Indiens..... *Toutes ces classes sont séparées à jamais par des barrières insurmontables; elles ne peuvent ni se marier, ni habiter, ni manger ensemble. Quiconque viole cette règle est chassé de sa tribu qu'il a dégradée.* »

C'est Marlès qui a donné les meilleures raisons (1) — «Tous les écrivains qui ont parlé de cette institution l'ont jugé diversement. Les uns ont avancé qu'elle détruisait dans la plupart des hommes le sentiment de leur dignité, qu'elle entravait l'essor de l'esprit, qu'elle éteignait l'émulation et le génie. D'autres ont dit qu'il fallait l'apprécier par ses résultats, et substituer l'expérience aux déclamations et aux vains raisonnements; que tant que l'empire Indou avait été régi par ses souverains, il avait été riche, heureux et puissant; qu'en proscrivant toutes les ambitions particulières, la division des castes avait maintenu la paix publique et prévenu toutes dissentions intestines; que si, dans un petit nombre de cas, l'émulation pouvait périr, ou le génie s'éteindre, dans les cas ordinaires l'industrie des individus n'avait fait que gagner, parce que chacun ajoutait à sa propre expérience celle de ses pères et de ses aïeux; que la preuve de cette assertion résultait de cette perfection désespérante pour les autres peuples que les artistes Indous avaient de tout temps donnée à leurs ouvrages dans une foule de branches de l'industrie manufacturière; qu'enfin cette obligation de rester dans sa caste avait produit de si bons ouvriers, que l'effet désastreux de toutes les invasions que l'Inde a subies depuis dix-huit cents ans, n'a pu la faire tomber du rang où l'excellence de ses produits l'avait mise..... Mettons de l'impartialité dans cette discussion. Ne prononçons pas sur des institutions étrangères à nos mœurs, avec nos préventions ou nos idées héréditaires. Sachons plutôt nous dégager de toutes les influences européennes..... Au reste, *ce qui doit pa—*

---

(1) *Histoire générale de l'Inde ancienne et moderne,* t. 3. p. 205.

*raître décisif dans une question de ce genre, c'est l'attachement sans bornes que les Indous n'ont cessé et ne cessent de montrer pour ces institutions mêmes* qu'on s'efforce de peindre comme contraires à la raison et à la nature. Le sont-elles au bonheur, ou du moins à la faculté d'être heureux ? *D'où viendrait donc que les Indous placent encore dans la jouissance libre de ces institutions toutes leurs idées de bonheur public, et que le désir de les posséder sans obstacle est le seul sentiment qui ne s'éteint pas dans leur cœur ?* »

C'est en termes équivalents que s'expriment les réclamants eux-mêmes dans leur premier mémoire (du 22 novembre 1856) : — » Vous n'ignorez pas, M. le Ministre, que les Indous sont divisés en *castes* hautes et basses, en *main droite* et en *main gauche;* enfin, en *religions; et que la perte de leur fortune ne leur est pas si sensible que la violation de ces institutions.*»

Enfin, les *Notices statistiques* sur les colonies françaises, publiées dans ces derniers temps par le Ministère de la marine, sont une dernière et irréfragable constatation du fait. On y lit : — » *La ligne de démarcation qui sépare les diverses castes est tellement prononcée, qu'aucune espèce de fusion n'a lieu entre elles.* » (Inde.–Ch. 6.)

Ce grand fait subsistant au travers des âges devait être nécessairement reconnu par l'administration française dans nos colonies indiennes. Il le fut en effet, à toutes les époques, comme on peut s'en convaincre par de nombreux documents.

Un réglement émané du Conseil supérieur et du gouverneur Law, en date du 15 juillet 1768, est ainsi conçu : — » Sur les disputes survenues entre les Malabars de la *main droite* et ceux de la *main gauche,* à l'occasion du port d'armes, le Conseil, toujours résolu de ne faire tort à qui que ce soit, *et de maintenir dans toute leur vigueur les droits et prérogatives essentiellement attachés à chaque caste,* comme *distinctions de rues, palanquin, cheval blanc,* etc., a cru en même temps devoir s'opposer à un abus introduit qui lui a paru attentatoire à l'autorité de la Compagnie, les ports d'armes de quelque nature qu'ils soient, n'étant aucunement essentiellement attachés aux castes, mais bien une faveur qui émane du Prince représenté ici par la Compagnie. En conséquence, il a été décidé que désormais les *Malabars de la main droite* ne pourront prétendre aux ports d'armes, de préférence aux *Malabars de la main gauche,* l'égalité étant parfaitement établie entre eux à ce sujet. Il est expressément défendu à tous Malabars de s'arroger d'eux-mêmes, dans leurs cérémonies de mariage ou autres, les honneurs de port d'armes, comme tambour, fifres, lances, fauguettes, nabot, ou grand tam-tam, et marches de Sépahis, à peine d'amende, etc.—Il est aussi ordonné que tous les Malabars *de main droite* ou *de main gauche*, qui auront envie d'obtenir ces honneurs, seront tenus d'en faire la demande au Conseil.»

A la date du 24 août 1768, même année, un arrêté porte : —» Il est défendu à tous les Malabars, *de quelque caste qu'ils soient, de la main droite* ou *de la main gauche,* même chrétiens, de faire à leurs mariages aucune cérémonies publiques usitées parmi eux, jusqu'à ce que le conseil mieux instruit puisse faire un réglement permanent qui évite dorénavant toute discussion *entre les deux mains.* »

L'année suivante, le 30 décembre 1769, un réglement émané du Conseil souverain dispose ainsi : — « Art. 28. Le lieutenant civil sera attentif, lorsqu'il fera vendre des maisons par décret, dans la *ville noire* ou dans la *ville Malabare*, à ne pas permettre que des Européens s'en fassent adjuger particulièrement près des Pagodes et des rues des Brahmes; ce qu'il observera spécialement pour les Parias. » )1)

A la date du 19 mars 1795, l'autorité anglaise statuait à son tour dans les termes suivants : — » Conformément aux réglements faits par le gouvernement français en 1768 et en 1785, il est expressément défendu à tous les Malabars, tant *de la main droite* que *de la main gauche*, de faire dans les rues aucunes cérémonies religieuses publiques, ni aucunes processions publiques qui puissent troubler la tranquillité et occasionner des discussions. Les contrevenants seront punis comme perturbateurs du repos public. »

En 1819, lorsque la métropole faisait promulguer les codes à Pondichéry, l'arrêté de promulgation émané du gouverneur général comte Dupuy, en date du 6 février 1819, disposa expressément par son art. 3 : — » Les Indiens, soit chrétiens, soit maures, ou gentils, seront jugés comme par le passé, *suivant les lois, us et coutumes de leurs castes* » (2).

A cette même époque, le même gouverneur écrivait au Ministre de la Marine, par dépêche du 4 juin 1819 : — » Votre Excellence verra sans étonnement que sous le gouvernement

---

(1) Pondichéry est encore aujourd'hui divisé en *ville blanche* et en *ville noire.* ( *Notices statistiques des colonies* ).

(2) *Recueil de lois.*— Isambert 1820, p. 602. — Duvergier t. 22.

français, comme sous le gouvernement anglais, on ait fait peu de réglements nouveaux, *dans un pays où le peuple ne se dirige que par les anciennes traditions.* Leur grand principe est le même que celui des Latins : *Sic voluere Patres ;* mais il est plus religieusement observé. Les Anglais ont pris en grande considération *cet amour des Indiens pour les traditions de leurs ancêtres,* car dans aucun de leurs établissements, *ils n'ont rien changé aux usages, aux lois, ni aux mœurs de chaque pays.* Les procès ou les discussions entre Indiens sont renvoyés, suivant la nature des matières, *devant les familles* ou *devant les castes,* ou enfin *devant une chambre de consultation* composée d'une douzaine de notables choisis presque toujours en nombre égal parmi les chrétiens, les gentils et les musulmans les plus considérés » (1).

En 1827, par ordonnance locale du 26 mai, furent déterminées les règles de compétence pour *les affaires de castes.* On les rangea dans les attributions des juges de paix.

Cette même ordonnance établit les pénalités suivantes qui sanctionnent les priviléges ou prérogatives des castes : » — Art. 23. Seront punis d'une amende de 2 roupies (4 fr. 80 c.), à 4 roupies (9 fr. 60 c.),.... n° 38, les Indiens qui, sans permission, *ou d'une manière autre que celle permise,* auront établi des pendals (tentes) sur la voie publique, joué ou fait jouer des *instruments de musique,* porté ou fait porter des *pavillons* ou *insignes,* traîné ou porté des *chars,* et généralement célébré au dehors des *fêtes* ou *cérémonies,* sans préjudice des peines plus graves qui seraient portées par l'administrateur général. dans le cas où il serait résulté de ces contraventions des troubles ou contestations majeures *entre une ou plusieurs castes.* »

Dans la même année 1827, par arrêté du 30 octobre, fut créé, à Pondichéry, le *comité consultatif de jurisprudence indienne,* « chargé de procurer aux tribunaux, ainsi qu'à l'administration, des lumières sur les questions dont la solution exige la connaissance *des lois et des coutumes indiennes* » (2).

En 1841, par arrêté local du 2 novembre, il fut de nouveau statué sur le mode de procéder et sur la compétence *dans les affaires de castes* qui parurent alors exiger l'intervention du gouverneur.

---

(1) Cette dépêche se trouve dans les collections manuscrites de la cour de Cassation. — La dénomination de *gentils* comprend tous ceux qui ne sont ni chrétiens ni musulmans. (*Notices Statistiques des Colonies.*)

(2) *Notices Statistiques des Colonies.* — Inde, ch. 6.

En 1842, l'ordonnance royale du 7 février organique de l'administration de la justice dans l'Inde, dispose : « — Art. 5. Continueront d'être observées, *relativement aux affaires de castes*, les règles de compétence déterminées par l'ordonnance locale du 26 mai 1827 (rappelée plus haut), et les autres dispositions en vigueur dans la colonie. Le comité consultatif continuera d'être appelé à donner son avis *sur toutes les questions du droit indien* qui lui seront soumises. »

En 1848, le commissaire de la république (M. Pujol) veut rassurer la population émue. «Habitants de Pondichéry, dit-il, dans sa proclamation du 31 juillet, l'autorité veille sur vous... Fermez l'oreille aux insinuations perfides... On a voulu vous faire croire *que vos us et coutumes étaient changés;* il n'en est rien...» (1).

En 1849, une autre proclamation du 12 mars est adressée aux cultivateurs par le gouverneur (M. de Lalande de Calan) : — «On s'efforce de vous donner une fausse idée des nouvelles institutions de la France. Ne prêtez pas l'oreille à ce que l'on vous dira sur ce sujet. La république, en consacrant la liberté, l'égalité, la fraternité, vous a tous faits citoyens; mais elle ne vous délie pas de vos devoirs ; elle veut consacrer *vos us et coutumes.* Elle fait participer votre représentant en France à la confection des lois. *Elle n'a rien changé d'ailleurs à celles qui vous régissent...* (2).

En 1854, le gouverneur (M. le contre-amiral Verninac) rend, en conseil, cette décision, à la date du 5 août : — «Vu le jugement rendu le 20 mars dernier par le tribunal de police de Pondichéry, qui condamne le nommé Virapattin à une roupie d'amende et aux dépens, pour avoir contrevenu *aux us et coutumes de sa caste* et de son aldée, en matière de cérémonies funèbres... Vu l'appel interjeté dans les délais par ledit Virapattin, devant nous, en conseil privé, juridiction compétente, puisqu'il s'agit *d'une affaire de caste;* — attendu qu'aux termes d'une délibération du comité de jurisprudence indienne, en date du 27 juillet dernier, et d'après les renseignements recueillis à d'autres sources, il est établi que s'il est d'usage chez les sectateurs dits *Virassayvas* ou *Linganistes,* de faire porter avec pompe, dans les enterrements, le cadavre assis sur un terou (chasse) garni de fleurs, la caste camala de l'aldée de

---

(1) *Bulletin officiel des établissements français de l'Inde.* — 1849, n° 109.
(2) Même *Bulletin* — 1849, n° 69.

Pondoupaléom, quand elle habite *la rue de là main droite*, ne peut adosser le cadavre à un brancard, ni orner ce brancard de rideaux et de fleurs ; — attendu que cette opinion d'un comité qui, composé des notabilités des *principales castes*, a mission de faire respecter *les us et coutumes de nos populations indiennes*, doit, en ces matières spéciales, servir de règle à l'administration ; — Avons ordonné et ordonnons ce qui suit : art. 1er, le nommé Virapattin est déclaré non recevable dans son appel » (1).

En 1855, le gouverneur (toujours M. le contre-amiral Verninac) veut faire cesser l'intervention de l'administration dans la gestion des biens des Pagodes et dans la direction de leurs cérémonies religieuses. Il prend à ce sujet deux arrêtés, l'un du 13 janvier 1855 ; l'autre du 3 février suivant ; et nomme des comités auxquels remise doit être faite desdits biens, les uns pour *les Pagodes de la main droite,* les autres pour *les Pagodes de la main gauche* (2).

C'est ainsi que, par tradition constante, par consécration administrative, à toutes les époques, au moment même où survenaient en France de grands changements politiques, et dans les colonies l'abolition de l'esclavage, les lois et coutumes indiennes, notamment en ce qui concerne les castes, sont restées vivantes et profondément enracinées dans l'attachement du peuple hindou à ces institutions.

Telle était, en fait et en droit, la situation des indigènes, à Pondichéry, lorsque sont survenus les arrêtés, objet des présentes réclamations, et qu'il faut maintenant faire connaître avec les circonstances qui s'y rattachent.

## II.

La ville de Pondichéry se divise en deux parties, *la ville blanche* et *la ville noire,* qui sont séparées par un canal ; l'une à l'est, sur le bord de la mer, habitée par les européens ; l'autre à l'ouest, habitée par les indigènes (3).

A chaque caste et à chaque main sont assignées leurs rues. C'est une règle qui a existé de tout temps, depuis la naissance de la ville, et que l'on retrouve presque partout sur la côte de

---

(1) Bulletin officiel de l'Inde, 1852, n. 52.
(2) *Bulletin officiel* 1855, p. 37.
(3) *Notices statistiques des colonies.* — Inde ch. 1er. — Malte-Brun, *précis* p. 611.

Coromandel, dans le Karnatik, où sont situées Pondichéry et Karikal. Chaque main a le privilége d'interdire à l'autre le passage en voiture dans ses rues et les cérémonies de mariages et enterrements. Sonnerat constate, comme on l'a vu, cette distinction de rues. Les réglements de 1768 et de 1795, rappelés tout à l'heure, en font la base de leurs dispositions.

Cependant, en 1854, les *Vânouvas* ou *Vâniars* (huiliers), gens de la main gauche, prétendirent circuler en voiture dans les rues, et voici l'origine de cette prétention. Antérieurement, un indien, nommé Mouttourangachetty, appartenant à la basse caste, dite *Vânia* (1), huilier ou fabricant d'huile enrichi, conçut la pensée de *s'élever en caste*. Il demanda au gouvernement de le déclarer *Vaisya* (troisième classe, celle des commerçants). Ayant échoué (2), il imagina un autre expédient; il sollicita pour lui le droit d'aller en voiture chez des négociants européens auxquels il est attaché comme *Doubachy*. Ce fut bientôt la prétention de tous les huiliers, et des réclamations s'élevèrent. On lit à ce sujet, dans le Moniteur officiel des établissements français de l'Inde, du 20 octobre 1854 :

« Le 28 juillet dernier, quelques membres des castes Vellaja et Cavaré adressaient au gouverneur une requête, à l'effet d'obtenir une décision qui défendît l'usage de la voiture aux Vânouvas ou huiliers, dont la caste, par ses fabrications et son commerce, est l'une de celles qui contribuent le plus à la prospérité de Pondichéry.—«Bien qu'aucune loi ancienne ou moderne n'interdise aux Vânouvas d'aller en voiture; bien que la voiture, d'importation toute récente dans l'Inde, n'ait pu fonder un usage qui tienne lieu de loi, le *gouverneur en conseil hésitait,* non pas à défendre l'usage de la voiture aux huiliers,—il ne pouvait faire ce que n'avait fait aucun de ses prédécesseurs, ce qu'aucun des anciens Rajas de l'Inde n'avait prescrit, — il hésitait à le permettre, tant il avait à cœur d'éviter parmi ses administrés le plus petit sujet de contestation. *Depuis près de trois mois le Conseil retenait cette affaire,* sans la résoudre, quand la lettre anonyme dont nous donnons plus bas traduction, est arrivée par la poste au chef du service administratif. L'auteur de cette lettre, qui s'est *décasté* par son ignoble lâcheté, a voulu hâter une décision; il l'a obtenue. L'administration a immédiatement répondu par l'arrêté suivant, qui prouvera aux Indiens

---

(1) Lois de *Manou,* liv. 3., stance 85.
(2) Délibération du conseil d'administration du 10 ou 12 janvier 1852.

que l'injure et la calomnie sont de mauvais moyens auprès de l'autorité supérieure. »

Et le *Moniteur officiel* donne immédiatement le texte d'un arrêté du 17 octobre 1854, ainsi conçu :

— « Nous , Gouverneur , etc,, Vu la requête à nous adressée, le 28 juillet dernier, et ayant pour but d'obtenir une décision qui défendît aux vânouvas de monter en voiture dans les rues; — Considérant qu'aucun texte de loi, qu'aucune décision antérieure, n'interdit aux huiliers d'aller en monture dans les rues , encore moins en voiture ; —Considérant que les *Elevaniars*, et que les *Caïcalvars* ou tisserands de *la main droite*, et les *Camalars* de *la main gauche* montent en voiture sans opposition ; — Considérant que la requête, à défaut de texte écrit, se fonde vainement sur l'usage qui n'est pas établi, et qu'il ne convient pas de laisser établir ;— le Juge de paix et le Commissaire de police consultés, le conseil d'administration entendu, — avons arrêté et arrêtons ce qui suit : — Art. 1er, Les vanouvas ou huiliers , ont le droit d'aller en voiture. — Art. 2. Afin que la voiture ne devienne pas, d'un côté, un instrument d'orgueil, et de l'autre, une causes de déplorables jalousies, les huiliers ne pourront passer en voiture que dans les grandes rues de *la main droite*, ci-après désignées : la rue de Villenour, la rue de Valdaour. les trois rues de Madras , et la rue qui. de leur domicile. mène à la plus proche des rues sus-nommées. »

On voit, par les révélations du *Moniteur*, que les administrateurs de la colonie, après une hésitation prolongée, cédèrent à un mouvement de vivacité qu'ils auraient dû peut-être contenir, l'administration devant toujours être impassible. La lettre anonyme était un mauvais moyen , hautement désavoué par les réclamants. Ce ne fut sans doute que le commencement des intrigues qui allaient s'agiter pour entraîner le gouvernement local dans la voie imprudemment ouverte par l'arrêté du 17 octobre 1854.

Le 3 novembre suivant, une pétition, enhardie par ce succès des tentatives des Vânouvas, et par des excitations dont les mémoires des réclamants indiquent la source (1), est adressée au gouverneur, sous la signature d'un Indien, Rattinapoullé, fils de feu Mourougapoullé, de caste *Toulouvavillaja*. Elle expose « que la division de la main droite et de la main gauche ne présentant aucun avantage, et n'étant qu'une cause de troubles et de désordres, les Indous de Pondichéry et de ses environs désirant sortir de cet état fâcheux, ont l'intention d'adresser une requête collective à cet égard, et chargent le

(1) Mémoires des 22 novembre 1856 et 11 mars 1857, adressés par les réclamants eux-mêmes à S. E. M. le Ministre de la Marine et des Colonies.

soussigné d'en demander l'autorisation (1). »

Aussitôt, le 7 novembre, cette autorisation est accordée dans les termes suivants : — « Permettons de recueillir les signatures des Indous, aux fins déterminées dans la présente requête, mais sans assemblée générale. »

On se met à l'œuvre sans retard. Aidé par quelques auxiliaires de la main gauche, Rattinapoullé rédige un mandat que devaient lui donner les habitants de Pondichéry et de ses aldées, à l'effet de provoquer un arrêté fusionniste. Puis cette pièce est colportée. « Des signatures, disent les réclamants, furent surprises aux faibles, aux fils, aux puînés, aux plus jeunes de la famille, aux moins prépondérants dans les castes, en leur persuadant que tout le monde était consentant, à l'insu des pères de famille, qui, appelés par leur expérience à maintenir la concorde et la paix, s'y seraient refusés (2). »

Les manœuvres allèrent si loin qu'elles durent être hautement signalées à l'autorité municipale et au gouvernement lui-même, d'abord par une requête du 15 avril 1856. Peu de jours après, le 22 du même mois, une nombreuse députation des notables de la ville, assurément dignes de confiance, se présentait à M. le gouverneur. Il se contenta de promettre qu'il communiquerait le mandat lorsque cette pièce lui serait remise, ajoutant néanmoins que la population indienne de Pondichéry s'élevant à 30,000 *hommes* environ (3), il n'admettrait pas la

---

(1) Ordonnance royale du 7 septembre 1840 sur le gouvernement des établissements français dans l'Inde, art. 32, n° 5 : — « le gouverneur s'oppose *aux adresses collectives* et autres du même genre.

(2) Mémoire des réclamants adressé à M. le Ministre le 11 mars 1857.

(3) Nous avons reproduit les termes des mémoires des réclamans « 30,000 *hommes*, » qui selon l'apparence, indiquent, non la population effective, mais le nombre approximatif des intéressés aptes à donner un consentement à Pondichéry et dans son territoire. Voici en effet les chiffres des *Notices statistiques des colonies*, (en 1836).

PONDICHÉRY *et ses Aldées*.

| | |
|---|---:|
| 1° Population blanche,— Européens ou descendans d'Européens.... | 696 |
| 2° Population mixte, — *Topaz* ou *gens à chapeau*, provenant du mélange des Européens, particulièrement des Portugais, avec les femmes indigènes..................... | 836 |
| 3° Population noire.—Indiens descendans des anciens Indiens..... | 52,127 |
| Total... | 53,659 |

PONDICHÉRY *et son territoire*.

| | |
|---|---:|
| 1° Population blanche.................... | 696 |
| 2° Population mixte..................... | 836 |
| 3° Population noire indienne..................... | 80,084 |
| | 81,616 |

fusion à moins qu'il n'y eut consentement des deux tiers, c'est-à-dire de 20,000 signataires au moins. Le 30 juillet suivant, une nouvelle requête était encore adressée à M. le gouverneur, et restait sans réponse. Le 23 novembre 1856, à M. le Ministre de la marine et des colonies les réclamants adressaient leur premier recours dirigé contre l'arrêté du 17 octobre 1854 ; ils y consignaient encore la dénonciation de ces faits, et disaient : « L'on regrette de toutes parts cette perturbation morale (1). »

Enfin, le 24 janvier 1857, on remit à M. le gouverneur, avec un mémoire, le mandat donné à Rattinapoullé et à Periatambychetty, pour demander la fusion. Ce mandat paraissait être revêtu de 2600 signatures obtenues comme on vient de le dire, ou « à l'aide de conventions rénumératoires entre les fusionistes, » ou bien encore « à l'aide de l'emploi de noms imposants,» disent les réclamants. Avec les pères, ont signé fils et serviteurs. On soupçonne même la sincérité d'une partie des signatures. Il en est qui émaneraient de personnes ne sachant pas signer ; d'autres, de personnes privées de leurs droits civils. Au reste, une partie des signataires *ont expressément révoqué leur prétendu mandat, par exploit d'huissier*(2).

Les réclamants, forts de la clameur publique, provoquaient la preuve de tous ces faits, au besoin, par voie d'enquête et de vérification des signatures chez le *Tabellion* dépositaire du mandat. Ils voulaient, eux aussi, protester en masse ; mais ils sollicitèrent en vain l'autorisation de présenter «*une contrepièce collective.* » (3) En présence de l'autorisation accordée aux fusionistes, ce n'est pas là le moins grave des faits que nous retraçons.

Ne pouvant mieux faire, ils adressèrent à M. le contre-amiral Verninac, le 10 février 1857, une requête individuelle, annonçant toutefois qu'ils parlaient au nom de la plus grande majorité de la population indoue, exposant de sérieuses et puissantes raisons contre la fusion, dévoilant les manœuvres et les cabales, rappelant les précédentes requêtes, la députation et la réponse faite à cette députation par M. le gouverneur, s'engageant enfin à justifier tout ce qui était avancé « par un écrit revêtu *du double*, ou *même du triple des signatures du mandat*, avec offre de produire cette pièce dans *un délai de 27 jours*, au lieu de 27 *mois* qu'avaient eus les fusionistes...»

---

(1-2-3) Mémoire des réclamants déjà cité, adressé à S. E. le Ministre de la Marine et des Colonies.

Les réclamants joignaient *onze exploits d'huissier, contenant révocation du mandat par 75 personnes* (1).

Vains efforts! vaines supplications! Il y avait urgence apparemment, à renverser d'un trait de plume les institutions immémoriales d'un peuple toujours respectées jusque là.

Un second arrêté intervint le 25 février 1857 ; il est ainsi conçu :

« Nous, Gouverneur des établissements français de l'Inde,

» Vu la pétition collective, en date du 24 janvier dernier, signée par 1900 membres de la main droite, et 700 membres de la main gauche, et tendant à obtenir de l'administration *la libre circulation des rues* pour toutes les castes de l'une et de l'autre main, soit en palanquin, soit en voiture, ou par tout autre moyen de transport, soit pour la célébration des cérémonies qui accompagnent les mariages et les décès. »

« Vu l'opinion du comité consultatif de jurisprudence indienne (2) et ensemble l'avis des brames lettrés et versés dans la connaissance des lois indoues, desquels il résulte que la distinction de main droite et de main gauche n'est relatée dans les livres d'aucun des législateurs de l'Inde, et qu'elle est une cause de perpétuelle discorde. »

« Vu la pétition de plusieurs membres des diverses castes *contre la fusion des deux mains;* »

« Attendu qu'il n'est nullement question dans la pétition collective ci-dessus citée, de faire la fusion des deux mains, mais seulement d'obtenir pour chacune le libre usage des rues, sous la surveillance de la police ; »

« Considérant que ce libre usage des rues est de droit chez les nations civilisées; qu'il n'a jamais cessé d'exister à Calcutta et à Bombay, et qu'il a été établi, il y a quinze ans, à Madras, à la grande satisfaction et dans le plus grand intérêt de tous ses habitants ; »

« Considérant que la ville de Pondichéry s'est depuis quelques années, par ses progrès, par ses rapports commerciaux, et par son industrie, placée immédiatement à la suite des villes que nous venons de citer, *et qu'elle étouffe dans les langes de ses vieux préjugés;* »

« Considérant en outre, qu'il résulte d'un arrêt de la cour de Cassation, en date du 16 juin 1852 (3), que si un indien veut se soumettre à la loi française, on ne peut pas lui en refuser le bénéfice; »

« Considérant que la loi française n'admet au libre usage des rues que des restrictions de police, et que l'application de cette loi est demandée, non par un seul, mais par des milliers de citoyens; »

« Considérant enfin que les rues sont une propriété publique, et qu'aux termes de deux arrêts récents de la cour Impériale de Pondi-

---

(1) Cette requête du 10 février, à M. le gouverneur, a été jointe en copie au mémoire du 11 mars 1857, adressé à S. E. le Ministre de la Marine et des Colonies.

(2) L'un des membres de ce comité, l'honorable Balakichenane est au nombre des réclamants.

(3) Dans l'affaire Ramastrapoullé. — Recueil général des lois et arrêts, par Devilleuve et Carette, année 1852, 1re partie, page 417.

chéry, nul, si ce n'est l'administration, n'a le droit d'en faire la police; »

« Vu l'art. 4 de l'arrêté local du 2 novembre 1841, qui remet au Gouverneur la décision des affaires de caste, et vise l'art. 48 de l'ordonnance organique du 23 juillet 1840 ; »

« Sur la proposition du Commissaire de la marine ordonnateur, faisant fonctions de Directeur de l'intérieur, le Conseil d'administration entendu ; nous avons arrêté et arrêtons ce qui suit : »

« Art. 1. La libre circulation des rues de Pondichéry et de ses trois districts est accordée *aux membres de toutes les castes, de main droite et de main gauche, sans distinction*, soit qu'ils aillent *en palanquin* ou *en voiture*, soit qu'ils usent *de tout autre moyen de transport.* — Leur est également accordé *le libre exercice de leurs cérémonies de mariage et d'enterrement*, avec la permission et sous la surveillance de l'autorité compétente. »

« Art. 2. Il n'est en rien dérogé aux cérémonies religieuses, telles qu'elles sont aujourd'hui exercées par l'une et l'autre main, pas plus qu'aux autres prérogatives qui peuvent les distinguer. »

« Art. 3. Notre arrêté du 17 octobre 1854, concédant à la caste des *huiliers* le droit d'aller en voiture, est rapporté, le présent arrêté consacrant cette mesure d'une manière plus générale. »

« Art. 4. Toute tentative faite pour entraver l'exécution des dispositions qui précèdent, sera réprimée par la police et déférée aux tribunaux, dès qu'elle constituera une infraction à loi pénale. »

« Art. 5. Le Commissaire ordonnateur, faisant fonctions de directeur de l'intérieur, et le Procureur général, sont chargés chacun en ce qui le concerne, de l'exécution du présent arrêté qui sera inséré au moniteur officiel de la colonie, et rendu applicable aussitôt qu'il aura été publié en langue Tamoule, à Pondichéry et aux chefs-lieux de ses districts. »

Cette mesure subversive d'institutions immémoriales fut aussitôt l'objet du second recours adressé à M. le Ministre de la marine et des colonies, au nom de la très-grande majorité des indigènes, par ses honorables représentants, Nadou Aroumougam, chef de caste; Nadou Appouvous, chef de caste; Saparayane, commerçant, propriétaire, membre du comité des expositions; Balakichenane, commerçant, *membre du comité consultatif de jurisprudence indienne* ; I. Abraham, Ponnoasamy, Samy Darmalingom, Tiappassamy, Ponnou, Sandiraint, propriétaires et commerçants, tous signataires du mémoire, en date du 11 mars 1857 (1).

Une circonstance qui suivit doit être ici rappelée, bien qu'à regret, comme ayant un lien direct avec les faits précédents.

Les fusionnistes doutaient peut-être eux-mêmes de leur succès;

___

(1) Ce Mémoire a été remis entre les mains de S. E. M. le Ministre de la marine et des colonies par nous, en audience du 20 avril que M. le Ministre a bien voulu nous accorder. AD. G.

il fallait lui donner, par une sorte de sanction indirecte, la consistance d'une œuvre accomplie à la satisfaction générale.

M. le contre-amiral Verninac allait remettre à son successeur, M. Durand d'Ubraye, le gouvernement de la colonie ; il y eut une fête d'adieux. Un *discours des Indiens* fut prononcé, dans lequel au nombre des *bienfaits* dus à l'administration de M. Verninac est signalé *l'arrêté du 25 février 1857*. A la grande surprise des réclamants, le *Moniteur officiel* de Pondichéry, n° du 27 mars, leur apprit que cette fête avait été donnée la veille par *l'élite de la population Indoue, et au nom de cette population*. Ils durent, pour rétablir la vérité, adresser à monsieur le Ministre, une protestation en date du 11 avril (1).

« C'est, disent-ils dans cette pièce, avec un sentiment de profonde douleur, que *la grande majorité* de notre population se trouve obligée de réclamer... S'il est un fait notoire, avéré, incontestable, c'est que *les principales castes sans exception*, et par conséquent, *la grande majorité de la population Indoue*, sont restées complétement étrangères à ce projet de fête, et n'ont aucunement contribué aux dépenses qu'elle a entraînées, pas plus qu'à la confection d'une boîte d'argent enrichie de pierreries, offerte et acceptée à cette occasion. »

« La vérité est que c'est en reconnaissance de la concession faite par l'arrêté du 25 février 1857, qu'une partie des personnes qui ont obtenu cet arrêté, *et qui ne représentent pas même une trentième de cette population*, a conçu le projet de cette fête et l'a réalisé. Il s'en suit que cette solennité n'est pas l'expression du vœu de la population entière, et ne doit être considérée que comme l'expression de la reconnaissance d'une faible partie qui profite des dispositions dudit arrêté du 25 février 1857, et dont le grand nombre sont de la main gauche. »

« Dans cet état, les soussignés (2) n'ont pu se refuser au vœu de leurs compatriotes. Ils ont reçu la pénible mission de porter la vérité à votre connaissance, *pour protester contre la manifestation qu'on a osé faire au nom de la population sans la consulter.* »

« Daignez, monsieur le Ministre, croire que cette population n'est pas ingrate envers monsieur le Gouverneur Verninac. Elle est au contraire reconnaissante de l'empressement qu'il a mis à exécuter les intentions bienveillantes de l'Empereur et lès vôtres pour la réduction de l'impôt foncier. Aussi n'a-t-elle pas manqué à manisfester sa reconnaissance plus d'une fois ; mais après s'être hautement et légalement exprimée, *elle ne peut tolérer l'usage que l'on a fait de son nom, à son insu et sans la consulter*, dans une solennité aussi importante. »

---

(1) Cette protestation a été remise à S. Ex. M. le Ministre de la Marine et des Colonies, par M. le duc de St-Simon, sénateur, ancien gouverneur des établissements français de l'Inde.

(2) Ce sont les réclamants, signataires auparavant du mémoire du 11 mars adressé par eux à S. E. M. le Ministre de la Marine et des Colonies.

« Les soussignés ne croient pas utile de discuter ici tous les faits énumérés au discours prononcé; ils ont rempli cette pénible mission, et si elle pouvait être l'occasion d'un doute, ils supplient votre Excellence de faire vérifier ce qu'ils avancent par le gouvernement, soit par la voie d'enquête, ou de toute autre manière. »

« Il eut été à désirer que la mairie eût fourni à l'autorité des renseignements plus précis sur ce qui se passait dans cette circonstance; son silence est cause qu'on vienne élever la voix jusqu'à vous pour faire la présente protestation. »

Il est, au reste, assez évident qu'ayant, *dès le* 11 *mars*, saisi le gouvernement métropolitain de leur recours contre l'arrêté fusioniste du 25 février, les réclamants n'auraient pu s'associer *le* 26 *mars* aux élans de reconnaissance qu'inspirait à quelques-uns cet arrêté même.

Non; l'appel porté devant M. le Ministre de la Marine et des Colonies n'a pas été ainsi déserté, et il n'est malheureusement que trop fondé; c'est le cri d'une population qui se croit violentée. Il ne sera pas difficile maintenant d'établir que l'arrêté du 25 février ne saurait subsister, et que les Indous doivent être, comme ils le demandent, « *rétablis dans l'état antérieur.* »

### III.

Un évident *excès de pouvoir*, est d'abord reproché à cet arrêté.

Le *Moniteur* de Pondichéry, du 27 mars, qui a publié la manifestation de la veille, rappelée tout à l'heure, contient aussi cet avis :

— « Le gouverneur a reçu plusieurs pétitions, où on le prie de faire connaître si, dans l'arrêté qui accordait la voiture aux huiliers, il a voulu établir l'égalité parmi les castes dont il cite les noms. — Le gouverneur répond qu'*il n'a ni le droit, ni la mission de s'immiscer dans les inégalités que le temps a consacrées parmi les castes*, et que le temps seul peut modifier. Par conséquent, il n'a pu avoir l'intention d'établir entre les castes dont les noms sont cités, ni égalité, ni supériorité, ni infériorité. Sans les comparer entre elles, il a voulu leur donner à toutes un droit égal à l'usage de la voiture qui ne pouvait raisonnablement être classée, pas plus que le *cabail* ou tel autre objet de vêtement, parmi les *instruments, pavillons* ou *insignes* que l'ordonnance a admis comme prérogatives de castes (1). »

_______________

(1) Cette ordonnance est celle du 26 mai 1857, que nous avons rappelée, page 10, concernant les *affaires de caste*, compétence et pénalités.

Par cet aveu d'incompétence, on voit que M. le contre-amiral Verninac avait sucé dans l'Inde, si l'on peut ainsi parler, la tradition du gouvernement. Jamais un gouverneur n'avait touché *aux us et coutumes* des Indous, « aux *points capitaux de nos mœurs,* » disent les réclamants. En effet, l'arrêté touche à leur état social, à des institutions en même temps civiles et religieuses, consacrées non pas seulement par les siècles, mais par une série d'actes émanés, soit du gouvernement local, soit de la métropole, ayant force de loi dans les colonies françaises de l'Inde. En un mot, le gouverneur a touché *à la législation réservée* des indigènes.

Tel est le caractère qu'il faut reconnaître à ces *us et coutumes* si invétérés, si vivaces dans l'Inde, qu'ils ont traversé sans altération essentielle, et les âges, et les conquêtes, et les révolutions. Avec eux ont compté la domination étrangère et le génie européen.

A l'époque solennelle de 1819, lorsque la France venait de recouvrer ses colonies et d'obtenir pour elle-même sa charte constitutionnelle, l'arrêté du gouverneur général comte Dupuy devenait *la charte des Indiens,* en disposant expressément qu'ils seraient jugés, comme par le passé, *suivant les lois, us et coutumes de leurs castes.*

A une époque d'organisation pour les colonies de l'Inde, l'ordonnance sur l'administration de la justice du 7 février 1842 fait pareilles stipulations ou réserves par son article 5.

Aux jours des crises politiques, en 1848, en 1849, lorsque notre république égalitaire est une menace et une alarme pour la société Indoue divisée par Brama en castes hautes et basses, classées et subordonnées entre elles, les gouverneurs, représentants de la France, se hâtent de protester hautement que les lois de cette société ne sont pas en péril, que les *us et coutumes* des indigènes sont maintenus, que nul ne songe à les détruire (1). Et nul en effet n'y songeait et n'y à jamais songé, ni en France, ni à Pondichéry, si ce n'est apparemment quelques novateurs dans la colonie.

Sans revenir sur tous les autres arrêtés ou réglements que nous avons rappelés dans la première partie de notre exposé, arrêtons-nous seulement à ces grandes et fondamentales assises du droit public dans nos colonies de l'Inde. On y trouve avec

_______________

(1) Proclamations des gouverneurs Pujol et de Lalande de Calan, rapportées à la page 14.

évidence le caractère et la portée des *us et coutumes* des indigènes, notamment en ce qui touche l'institution des castes.

N'est-ce là qu'une matière *de police* dans laquelle les gouverneurs seraient armés des pouvoirs purement *réglementaires* reconnus à l'administration publique, soit en France, soit aux colonies? Non ; et en cela l'arrêté du 25 février n'a pas besoin de réfutation. Les *us et coutumes* des indigènes appartiennent à une sphère plus haute. Jamais, à aucune époque, ce qui touche à la constitution des castes, à leurs priviléges les plus essentiels, tels que distinction des rues, usage des palanquins ou chevaux, célébration des cérémonies religieuses, n'a été considéré comme *matière de police*. C'est une matière *de législation*.

Or, toute modification du régime légal est interdite aux gouverneurs dans les colonies françaises. La cour de cassation, par arrêt du 25 mai 1850, a jugé qu'en 1848 le commissaire général, gouverneur de la Guadeloupe, n'avait pu, dans un intérêt d'apaisement des passions, faire à l'une des lois de la presse un léger changement de rédaction (1). Admettrait-on que dans l'Inde un gouverneur ait pu anéantir tout d'un coup la loi indoue, dans ce qu'elle a de plus souverain, de plus vital, de plus cher aux populations !

L'arrêté fusioniste du 25 février se défend, il est vrai, d'atteindre aussi haut. — Il ne s'agissait pas, disent ses motifs, de faire *la fusion des deux mains,* mais seulement d'établir pour chacune le *libre usage des rues.* — Comme si la distinction des rues, le privilége d'y passer en *palanquin,* et, par conséquent, en *voiture,* ou à *cheval,* d'y célébrer les *mariages, enterrements et autres cérémonies,* selon les prérogatives de chaque tribu, ne constituait pas essentiellement le système de la main droite et de la main gauche! Comme si détruire ce privilége, en le remplaçant par un droit absolu de circulation avec tous moyens de transport, et par une pleine licence de célébration des cérémonies religieuses *pour les membres de toutes les castes, de main droite* ou *de main gauche, sans distinction,* ce n'était pas établir l'égalité des castes et saper dans sa base

---

(1) Affaire Semac, de la Guadeloupe. — Bull. crim. de la cour de Cassation, 1850.

— Voir à ce sujet notre arrêté du 18 septembre 1848 portant promulgation des lois de la presse à la Guadeloupe, rendu sur la proposition de l'éminent magistrat qui était alors, dans cette colonie, investi des fonctions de procureur général ( Bull. off. de la Guadeloupe 1848. p. 606). — Et dans cet arrêté, l'art. 10 de la loi du 25 mars 1822 : à la p. 613 du bull. off.

même la hiérarchie civile et religieuse du peuple Indou !

On ne saurait s'illusionner à ce point sur la portée de l'arrêté. C'est la fusion des deux *mains* qu'il a faite, sous prétexte de police ou de libre usage des rues ; rien n'est plus clair. Reste donc l'excès de pouvoir, l'atteinte aux lois, us et coutumes des indigènes, dans toute son évidence.

L'ordonnance organique du 23 juillet 1840 prévoit, par son art. 49, la nécessité qui peut se présenter d'introduire dans la législation coloniale des modifications ou des dispositions nouvelles ; mais, loin de conférer au gouverneur le pouvoir de les édicter, ce même article porte : « qu'alors le gouverneur prépare en conseil les projets d'ordonnance, et les transmet au Ministre de la marine qui fait connaître les ordres du Roi, » —ajoutant « que ces projets d'ordonnance ne peuvent jamais être mis provisoirement à exécution par le gouverneur, sous quelque prétexte que ce soit. »

M. le contre-amiral Verninac ne pouvait donc entreprendre rien de plus que la préparation d'une ordonnance ou d'un décret impérial, dans la grosse affaire de la fusion, s'il jugeait cette œuvre nécessaire et réalisable. Il ne pouvait s'ériger lui-même en législateur pour la réforme des lois indoues. Il ne pouvait, même provisoirement, imposer une pareille innovation à la grande majorité des indigènes. C'était chose grave et mauvaise, nous le prouverons tout à l'heure ; c'était, en tout cas, chose essentiellement réservée à l'initiative de la métropole.

## IV.

Reste l'appréciation de la mesure au fond, en elle-même.

Chez toutes les nations civilisées, dit l'arrêté, le libre usage des rues est de droit, et la loi française ne le soumet qu'à des restrictions de police... Les rues sont une propriété publique ; nul, si ce n'est l'administration, n'a le droit d'en faire la police.....

Ces raisons d'*Europe* sont incontestables en elles-mêmes. Elles auraient toute leur valeur à Paris ou à Londres ; mais elles sont absolument inconcluantes à Pondichéry. Là, dans la ville indienne, si la libre circulation ne peut s'établir sans atteinte directe et positive aux us et coutumes des indigènes, à leurs lois civiles et religieuses en même temps, et s'il y a obligation pour le gouvernement de respecter ces lois, us et coutumes, la libre circulation des rues n'est plus une simple affaire de police, c'est une violence faite à des institutions sociales particulières. Ce serait un trouble public profond, au lieu de l'ordre que les gouvernements ont pour mission d'établir ou de maintenir dans les populations.

C'est ici, nous l'avons déjà dit, l'illusion de l'arrêté. Il établit, ou du moins il croit établir l'ordre à sa manière, la libre circulation dans les rues, rien de plus. Mais en même temps, et nécessairement, il efface toutes distinctions entre les castes, ou entre la *main droite* et la *main gauche*; il anéantit toutes ces prérogatives qui, dans la vie civile des Indous et dans leurs croyances religieuses, constituent la hiérarchie sociale et en sont les signes extérieurs. C'est là le vrai, au fond; il faut bien le reconnaître. Veut-on déclarer net aux indigènes que l'on n'entend plus respecter en ces choses leur lois, us et coutumes?... Veut-on, en un mot, faire la fusion?... Alors on comprendra l'arrêté. Mais, autrement, ses biais ne peuvent dissimuler ses tendances et lui ôter ses effets subversifs, destructeurs de choses sacrées pour les Indous.

Le libre usage des rues aurait toujours existé à Calcutta et à Bombay, selon l'arrêté. Il serait établi à Madras depuis quinze ans. Pondichéry, rivale bientôt de ces villes anglaises par ses progrès, par les développements de ses rapports commerciaux et de son industrie, « étouffe dans les langes de ses vieux préjugés. » Les Indiens n'ont-ils pas le droit de se soumettre à la loi française, ainsi que la Cour suprême l'a jugé par son arrêt du 16 juin 1852?...

Calcutta et Bombay n'apportent aucune bonne raison au débat. L'une est la capitale du Bengale, au fond du golfe; l'autre est le chef-lieu de la Présidence qui prend son nom. Bien loin d'elles, vers l'extrémité de la Péninsule, Pondichéry fait partie des Karnatik, présidence de Madras, où la distinction des rues existe partout, et existait à Madras même, avant d'y avoir cessé du consentement général des habitants. Cette ville est en effet divisée, comme Pondichéry, en ville blanche et en ville noire (1). L'arrêté ne parle pas de *Gondelour*, ville voisine de Pondichéry et chef-lieu de la province d'Arcat, où la division des deux *mains* est encore plus tranchée.

-----

(1) Malte-Brun, *Précis,* page 605.

La nécessité que l'on semble invoquer ensuite, serait un argument plus puissant, car partout nécessité fait loi. Si la ville de Pondichéry étouffait dans ses murs ou dans ses rues, non « dans les langes de ses vieux préjugés, » l'innovation pourrait avoir sa raison d'être, toute malheureuse et regrettable qu'elle fût dans ses effets. Mais, en somme, il n'est pas allégué que la circulation doive être rendue plus facile matériellement, et qu'elle ne suffise pas, dans ses conditions actuelles, aux allures et au bien-être de la population, ou aux besoins et à la prospérité du commerce.

Quant à la liberté, pour les Indiens, de se soumettre à la loi française, il est vrai que la Cour de cassation, dans l'affaire Ramastrapoullé, a déclaré que le mariage contracté par un Indien, conformément au Code Napoléon, ne pouvait être annulé pour inobservation de la loi indoue. Mais, logiquement, on n'aperçoit guère les conséquences à tirer ici, dans la question de libre circulation des rues, d'un principe posé dans une question de validité de mariage. Il s'agit du droit de tous, non du droit d'un seul. Tous les indigènes de Pondichéry veulent-ils ici se soumettre à la loi française?... Un seul ou quelques-uns peuvent-ils imposer à tous cette soumission?... L'on serait ainsi ramené aux faits, à ce que nous avons rappelé de la pression exercée par quelques uns seulement, et des résistances de la population presque toute entière.

En dernière analyse, l'usage des *nations civilisées* d'un côté; les *vieux préjugés* de l'autre; la fusion des castes au fond; voilà évidemment la pensée dominante de l'arrêté. Le renversement de l'institution de la *main droite* et de la *main gauche*; voilà son but et son œuvre.

S'il en était autrement, si cette institution était sauve et devait survivre, pourquoi viser dans l'arrêté l'avis du comité consultatif de jurisprudence indienne, et celui de huit Brahmes lettrés et versés dans la connaissance des lois Indoues, desquels avis il résulterait que la distinction de main droite et de main gauche n'est relatée dans les livres d'aucun des législateurs de l'Inde? N'est-ce pas déclarer, en d'autres termes, quelle peut être anéantie, et qu'en la méconnaissant, l'arrêté ne violera pas la loi Indoue?

Nous avons constaté, d'après Marlès, que cette institution émane, dans les croyances indiennes, de la déesse Kaly, l'une des divinités du brahmanisme les plus puissantes et les plus redoutées. Si les livres sacrés, dont la connaissance et l'interprétation sont le privilége des Brahmes dans l'Inde, n'en font pas mention, la plupart des castes n'y sont pas mentionnées davantage. Elles existent cependant à l'état d'institutions créées par Dieu. Si le comité de jurisprudence indienne, dont fait partie *l'un des réclamants*(1), a émis un avis fort peu conciliable avec tout ce que nous avons constaté ci-dessus, il n'en est pas moins vrai, qu'à part son origine, et ne fut-elle pas l'ouvrage des législateurs primitifs de l'Inde, la distinction en main droite et en main gauche est dans la Société Indoue, à Pondichéry notamment, un fait ancien, actuel encore, reconnu par les actes consécutifs de l'administration. Aveugle qui ne le verrait pas! Fait-elle partie, oui ou non, des us et coutumes, des lois traditionnelles des indigènes? Nul ne pourrait le nier. Or, « la *coutume immémoriale, c'est la principale loi*, selon Manou. » Voilà ce que l'on peut lire dans l'arrêt de la cour impériale de Pondichéry sur l'affaire Ramastrapoullé, cité par l'arrêté lui-même. Que faut-il de plus pour que cette institution soit inviolable, dès que leurs lois us et coutumes sont garantis aux indigènes?

Lorsqu'une certaine organisation sociale existe immémorialement, qui donc pourrait en faire si bon marché! Aurait-on pensé que ce fut l'auteur de l'arrêté? N'est-ce pas M. le contre-amiral Verninac qui, dans un discours prononcé à Pondichéry, le 27 janvier 1854, et publié par le Moniteur officiel du 3 février suivant, disait :— « Je ne suis pas de ceux qui blâment votre vieille organisation sociale. Sa durée, la résistance qu'elle oppose depuis plusieurs siècles aux innovations des conquérants de l'Inde, témoignent assez de la *vigueur* comme de la *bonté* de vos institutions ! »

Voilà, certes, un témoignage irrécusable ici. — Vigoureuses et bonnes institutions en effet, celles qui s'enracinent si profondément dans le sol et dans la population. Gouvernez-nous, disent les Indiens, avec nos lois us et coutumes qui tracent à chacun ses devoirs sociaux, qui sont la sauvegarde de l'ordre au milieu de nous, et nous serons faciles à gouverner; la France le sait depuis 150 ans. « Plus vous admettrez de classes et de distinctions dans la Société indienne, plus il y régnera d'ordre et de symétrie, plus il y aura de facilité à la conduire et à y conserver les bonnes mœurs (2). » — Otez-nous, au contraire, nos

----

(1) L'honorable Balakichenanc, — cisconstance notable ici.

(2) Mémoire présenté le 20 avril par les réclamants à M. le gouverneur actuel Durand d'Ubraye.

institutions, celles de nos pères émanés de nos dieux, nous tombons dans l'anarchie. « Ce n'est pas en violant toutes nos habitudes, *en nous imposant le joug d'un arrêté contraire à nos mœurs, comme à nos esprits,* qu'il est possible d'établir l'indistinction parmi les castes. . . . Ce n'est pas, croyez-le bien, sans d'énormes inconvénients, qu'on touche à quelque partie des mœurs, des us et coutumes d'un peuple tel que les Indiens. Touchez-vous à une colonne ou une voûte, l'édifice entier s'écroule, l'harmonie est troublée; car tout se tient, tout est connexe en fait de mœurs (1). »

C'est ce que les faits confirment.

M. Pasquier, dont nous avons déjà cité le livre, dit encore : — « Lorsqu'une caste empiète sur ce que l'autre appelle ses droits, l'on voit des soulèvements qui, se communiquant de proche en proche, portent la perturbation dans une grande étendue de pays, donnent occasion à des excès de tout genre, et se terminent souvent par des batailles sanglantes que la force armée parvient difficilement à apaiser (2). »

Et les évènements actuels de l'Inde ne viennent-ils pas déposer à leur tour ? Un illustre orateur du parlement d'Angleterre, M. Disraëli, ne faisait-il pas tout récemment à la tribune cette déclaration : — « Nous sommes entrés dans les principautés pour y protéger la religion et la propriété ; la population nous regardait comme les protecteurs de sa religion et de la propriété ; voilà le véritable secret de notre force pendant longtemps. Depuis dix ans, au contraire, ce principe fondamental a cessé d'exister. Les nationalités n'ont plus été respectées, et tout a changé de face dans les Indes. *Toutes les classes de la Société indienne sont devenues mécontentes des Européens, qui ont méconnu leurs lois, leurs usages, leur organisation politique* (3). »

L'administration française, toujours paternelle pour les indigènes, n'a, certes, mérité jusqu'ici aucune accusation semblable. Doit-elle s'y exposer ?

Singulière préoccupation ! Pour l'arrêté fusioniste, il ne s'agirait que d'une lutte opportune et nécessaire, sans inconvénients, contre des préjugés ! Périssent, semble-t-il dire, les vieilles et chimériques institutions des Hindous, plutôt que la civilisation et le progrès ! — Comme en souvenir de ce mot fameux: périssent les colonies plutôt qu'un principe !

---

(1) Mémoire du 20 avril.
(2) Pasquier — Précis de l'histoire de l'Indoustan, p. 534.
(3) *La Presse,* 28 *juillet* 1857.

*Préjugés;* mais ce mot que l'on emprunte à notre langue et à nos idées, c'est un absolu non sens pour les Indous, dès qu'on l'applique à leurs institutions. Préjugé, ce qui est pour eux, depuis l'origine du monde, leur croyance, la base de leur morale, la règle de leurs rapports sociaux!... Eh bien, voici ce qu'ils affirment positivement : — «On doit considérer la division des castes comme *le chef-d'œuvre de la législation indienne,* sous plusieurs rapports. Il est reconnu universellement et sans contredit que la distribution des peuples de l'Inde en castes est le seul et unique moyen qui les empêchait de tomber dans un état de barbarie, lorsque la plupart des autres nations qui peuplent la terre y étaient plongées, et que si l'Inde conserva et perfectionna les arts, les sciences et la civilisation, c'est uniquement à cette distribution de ses habitants en castes qu'elle devait ce précieux avantage » (1). — « A la division des castes se rattache la distinction de la main droite et de la main gauche, et l'harmonie de la société indienne ne tarderait pas d'être détruite, si cette distinction ne rentrait pas dans son état primitif» (2). — Et si l'on prétend qu'elle est une occasion de discordes et d'atteintes à la paix publique, ils répondent avec un remarquable bon sens : » S'il en était ainsi, cette institution ne pourrait se maintenir depuis un temps immémorial. Ce sont au contraire les infractions à cette coutume qui, lorsqu'elles n'ont pas été assez promptement ou assez sévèrement réprimées, ont été la cause de discussions et de troubles » (3).

Voilà ce que les Indiens affirment. Est-ce nous qui, de Paris, ou de Londres, ou de Lisbonne, ou d'Amsterdam, est-ce nous, Occidentaux, qui leur affirmeront le contraire ?

*Civilisation!* Mais les Indiens ont la prétention, très-justifiée du reste, d'avoir été civilisés longtemps avant nous, et de l'être encore,... à leur manière, non à la nôtre. Pouvons-nous prétendre que notre civilisation d'Europe et du 19e siècle s'impose à l'univers entier ? et qu'elle entre comme le coin dans l'arbre, au cœur de ces nations antédiluviennes, monolithes de l'humanité, toujours intacts et debout, que n'atteignent pas nos écroulements et nos rénovations !

*Le progrès !* Certes, nous n'en sommes pas ennemi; nous

---

(1-2) Mémoire du 20 avril adressé par les réclamants à M. le gouverneur actuel, Durand d'Ubraye.

(3) Mémoire des réclamants adressé le 11 mars à S. E. M. le Ministre de la Marine et des Colonies.

l'avons assez prouvé, soit comme abolitioniste, soit comme
gouverneur de colonie. Mais le progrès n'est pas ici en cause.
Cette immobilité de l'extrême Orient, ces institutions qui sem-
blent impérissables par cela seul qu'elles n'ont pas péri en tra-
versant tant de siècles, n'élèvent-elles pas une barrière infran-
chissable à l'action du progrès philosophique et égalitaire
comme nous l'entendons? Dieu qui, d'un hémisphère à l'autre,
a fait l'homme si divers et toutes choses si dissemblables,
n'a-t-il pas pu dire au progrès comme au flot : « Tu n'iras pas
plus loin? » Oui, sans doute, et dans notre monde fini, la limite
est partout ; ce sera toujours vrai, en dépit de tous les abso-
lutismes et de toutes les utopies. Il faut d'ailleurs distinguer
entre les droits essentiels . imprescriptibles partout et toujours
de l'humanité, et les systèmes d'organisation sociale qui sont
nécessairement propres aux diverses races d'hommes, ou aux
civilisations diverses, et que l'on ne saurait sans démence
fondre en un seul et même type pour les habitants de toutes
les parties du globe. S'il s'agissait, par exemple, de l'esclavage;
nous ne pourrions le tolérer dans l'Inde, pas plus qu'en aucune
des possessions françaises d'outre-mer ; et nous ne fûmes pas
sans préoccupations à ce sujet dans la commission de **1848**
chargée de préparer le décret d'abolition (1). Mais tel n'est pas
ici l'objet du débat. La distribution du peuple Indou en castes,
en main gauche et en main droite, ne relève que de l'autonomie
qui appartient à chaque société dans la grande famille humaine.

Oui dominée, mais jamais assimilée, l'Inde antique affirme
ses croyances, ses religions, ses mœurs, ses lois et coutumes
immémoriales, en plein dix-neuvième siècle, à la face de ses
conquérants. Et tous, dans tous les temps, Asiatiques ou Européens, Chrétiens ou Musulmans, Anglais et Français les
derniers venus, tous ont voulu respecter et maintenir des institutions identifiées au peuple indou comme une seconde na-

---

(1) Procès-verbaux de cette commission publiés par le Ministre de la Marine :
Page 5. — « Le cit. Gatine rappelle l'état de la population indigène de nos possessions dans l'Inde, qui devra peut-être réclamer l'attention de la Commission. »
Page 6. — « Le cit. Mestro dit qu'il résulte des informations déja prises que
dans l'Inde française il n'existe pas d'individus à l'état d'esclavage. »
En dehors de la question du moment, les Colonies indiennes nous paraissaient
trop peu considérées : — Page 143. « Le cit. Gatine pense que la part que l'Inde
doit prendre à la représentation nationale n'est pas assez large; un député ne
suffit pas.... Il pense que l'on pourrait réduire à trois les quatre députés de
l'Algérie, et alors donner un représentant de plus à l'Inde française. — Le cit.
Mestro reconnaît qu'il est vrai que dans l'Inde 180,000 individus ne seront re-
présentés que par un député ; mais il fait remarquer qu'il n'y a pas dans cette
Colonie d'intérêts bien compliqués à défendre. »

ture. pétrifiées en lui, pour ainsi dire, semblables à une masse inorganique, sourde et aveugle, si l'on veut, sur laquelle passe la discussion, sans même être entendue (1).

Aucun de ces dominateurs, anciens ou modernes, n'a entrepris de refaire à son image les populations de l'Indoustan. Loin de là, « ce fut toujours et partout, disent les réclamants, un principe sacré, une règle immuable de conduite, que de laisser à nous, peuples indous, le libre usage de nos us et coutumes, aors surtout que ces us et coutumes avaient dans le sol, dans la religion, dans les mœurs de profondes racines, et forment un ensemble de principes homogènes, suffisant à tous les besoins du droit... Anglais et Français ont toujours été d'accord sur ce point, sur ce principe respecté par les Mahomets les plus despotes et les plus tyranniques (2). »

Cette politique, disent-ils encore, ce fut celle de Rome ellemême, si hautaine et si fière, à si juste titre, de ses lois. Partout où elle a porté la conquête et ses colonisations, elle a porté ces sages maximes (3).

Et dans les temps modernes, disent-ils toujours, le grand Empereur Napoléon Ier, doit-on l'admirer plus au Kremlin ou à Austerlitz, qu'au Caire, dans la mosquée, au milieu des chefs égyptiens, vénérant les coutumes des vaincus, s'y conformant lui-même, ordonnant à ses généraux de les respecter (4).

N'est—ce pas enfin cette politique conservatrice que la France a voulu suivre et qu'elle suit, en Afrique, à l'égard des indigènes de l'Algérie ?

Le temps l'a consacrée dans les établissements français de l'Inde. Les indigènes de Pondichéry ont la parole de la France engagée depuis cent cinquante ans. Cette parole donnée par une grande et loyale nation, son gouvernement ne voudra pas

---

(1) Nous empruntons cette juste comparaison à l'article publié par M. Edgar Quinet, dans *la Libre Recherche, revue universelle*, 1857. p. 168.

(2-3) Mémoire du 20 avril, adressé par les réclamants à M. le gouverneur Durand d'Ubraye.

(4) — Thiers, *Histoire de la Révolution Française*, tome 10, p. 42 : — « A peine fut-il établi au Caire, qu'il se hâta d'employer la politique qu'il avait déja suivie à Alexandrie et qui devait lui attacher le pays. Il visita les principaux scheiks, les flatta, ... *leur promit la conservation de leur culte, et de leurs coutumes*... Les grands scheiks engagèrent les Egyptiens à se soumettre à l'envoyé de Dieu, qui *respectait le Prophète*... Bonaparte résolut de laisser exercer la justice par les *Cadis*... »

la retirer à des populations fidèles et dévouées, qui n'ont jamais épargné ni leurs biens, ni leur vie pour la défense ou
l'honneur du pavillon de la France. — « Oh! disent-elles, il
ne faut pas déchirer des propres mains du gouvernement français les traités qu'il nous avait faits, les promesses sacrées qu'il
nous a faites. Il ne faut pas oublier un seul instant cette Constitution du 6 janvier 1819, organique et fondamentale des
établissements français de l'Inde, où la France a déclaré « que
les Indiens seront régis par leurs lois, us et coutumes!.....
Voilà le principe posé que l'autorité locale devait maintenir;
mais elle ne s'est pas inquiétée *de la résistance de ce principe...* » (1).

En effet, malgré des protestations toutes légales, malgré le
cri presque général, au milieu d'intrigues et de manœuvres
vainement signalées, une immense concession redoutée et com-
battue par 20,000 chefs de famille tout au moins, a été faite
au petit nombre, « à une poignée d'individus, » disent les
réclamants; et cela, sans urgence, sans nécessité, sans intérêt
public, comme pour l'honneur de nos principes d'Europe sur
la côte de Coromandel!

C'est, sous prétexte de libre usage des rues, le renversement
de la subordination des castes entre elles, la destruction de leurs
prérogatives et priviléges. C'est une dissolution de la Société
indienne, telle que ses législateurs l'ont faite.- C'est *la fusion*,
œuvre tout au moins prématurée, si elle doit jamais s'accomplir;
la fusion mensongère, et qui ne se fait pas après deux années de
tentatives impuissantes; la fusion devant laquelle les fusionistes
eux·mêmes reculeraient aujourd'hui, comprenant trop tard ses
inévitables et périlleuses conséquences. — C'est enfin, pour la
paix publique, une menace qui éclaterait en querelles religieuses, en perturbations de chaque jour ; c'est « un régime de
discorde et de trouble substitué à l'état de choses paisible et
régulier que l'on a si malheureusement anéanti » (2).

Ainsi se résument les griefs des réclamants.

Recouvrer l'intégrité de ces *us et coutumes* incarnés, pour-
rait-on dire, dans le peuple Indou, c'est leur espérance,
c'est l'objet des réclamations qu'ils ont soumises à S. E.
M. le Ministre de la marine et des colonies, en élevant la
voix jusqu'à l'illustre amiral qui dirige d'en haut les administrations coloniales.

---

(1-2) Mémoire du 20 avril.

Rappeler, au besoin, ces administrations dans la bonne voie, s'il leur arrive de s'en écarter, parce qu'en dehors des meilleures intentions, l'infaillibilité n'appartient à personne, c'est ce que la métropole s'est réservé toujours, en déléguant, dans de certaines limites, ses pouvoirs aux gouverneurs des colonies.

Pleins de confiance dans la bienveillante sagesse des résolutions à intervenir, les réclamants formulent les conclusions de leurs divers mémoires en ces termes qu'il convient de reproduire, car ils correspondent avec justesse à la situation : « annuler l'arrêté du 25 février, pour remettre les Indous « en l'état où ils étaient auparavant. »

Il s'agit en effet de leur rendre, nous l'avons déjà dit, leur état social, des institutions qu'ils regardent comme leur bien le plus précieux, empruntant à leur religion même et aux solennels engagements de la métropole une inviolabilité absolue.

Le souvenir d'une protection tutélaire accordée à 20,000 familles, dans ces graves ciconstances, ne saura s'éteindre au cœur des indigènes de Pondichéry.

AD. GATINE,

IMPRIMERIE DE PH. CORDIER, RUE DU PONCEAU, 24.

www.ingramcontent.com/pod-product-compliance
Lightning Source LLC
Chambersburg PA
CBHW061645050726
47598CB00004B/1459